L'INDUSTRIELLE

BANQUE DE CRÉDIT ET D'ÉMISSION

(ANONYME)

57, RUE TAITBOUT, A PARIS

ÉTUDE

sur

L'ÉTABLISSEMENT MÉTALLURGIQUE

DE

LIVERDUN

(MEURTHE-MOSELLE)

RAPPORT A LA DIRECTION

PARIS

IMPRIMERIE GÉNÉRALE DES CHEMINS DE FER

A. CHAIX ET Cie

RUE BERGÈRE, 20, PRÈS DU BOULEVARD MONTMARTRE

1879

J'ai l'honneur de vous remettre l'étude sur l'Établiſſement métallurgique de Liverdun, dont vous avez bien voulu me charger.

Il m'a paru utile de placer, en tête de ce travail, quelques considérations sur la situation générale de l'Industrie & du Commerce des Fers, la connaissance de cette situation pouvant exercer une influence prépondérante sur les décisions que la Société devra prendre, touchant le projet qui lui est soumis.

Je me suis attaché ensuite à ne consigner dans cette étude que des résultats parfaitement acquis et à ne baser mon appréciation que sur des données d'une rigoureuse exactitude.

Il y a, enfin, une considération que je n'ai pas cru devoir aborder dans un document limité à l'examen de questions techniques & commerciales, sur laquelle, néanmoins, j'appelle votre attention et celle des Administrateurs de la Société.

C'est que, au temps où nous sommes, la production du Fer, sa fabrication abondante et économique, constituent un des rares problèmes industriels où l'intérêt privé se trouve étroitement lié à la fortune de l'État.

Il n'y a pas de véritable indépendance pour un pays qui est tributaire de l'étranger sous le rapport du Fer.

Eh bien! Monsieur le Directeur, c'est aux industries mères, telles que celle dont j'ai à vous entretenir, industries vitales pour la France, que doit s'appliquer, — en y portant toutes ses forces, tout son crédit, tous ses moyens de propagande & d'association, — un jeune Établissement financier qui ambitionne d'être utile au pays, tout en faisant fructifier les capitaux de ses actionnaires et de sa clientèle.

Veuillez recevoir l'assurance de ma considération très-distinguée.

Paris, le 18 juillet 1872.

ÉMILE PELARD.

ÉTUDE

SUR

L'ÉTABLISSEMENT MÉTALLURGIQUE

DE

LIVERDUN.

PREMIÈRE PARTIE.

I.

OBJET DE L'OPÉRATION.

L'opération proposée a pour objet :

1° La conversion en Société anonyme de l'association commerciale en commandite qui exploite, sous la raison Barbe père et fils et Cie, l'établissement métallurgique de Liverdun créé par MM. Barbe, pour l'exploitation des mines de fer qui leur ont été concédées, et la fabrication de la fonte ;

2° L'extension à donner à l'exploitation du minerai et à la production de la fonte, par la construction de deux hauts-fourneaux qui porteraient à quatre le nombre de ces appareils ;

3º L'installation d'un laminoir destiné à transformer en tôles et fers marchands une portion du produit des fourneaux ;

4º L'annexion d'établissements du même genre et la création d'usines métallurgiques sur d'autres points ;

6º L'annexion ou l'achat de houillères ainsi que la construction de fours à coke.

Avant d'entrer dans l'examen des diverses questions de détail que soulèvent l'analyse des éléments de travail déjà exploités à Liverdun et l'étude des projets qu'on se propose d'y réaliser, il paraît utile de se rendre compte de l'opportunité d'une semblable opération, en jetant un regard sur la situation générale de l'industrie sidérurgique en France et dans le monde entier.

II.

CONSIDÉRATIONS GÉNÉRALES.

ÉTAT DE L'INDUSTRIE DU FER. — Depuis la construction des voies ferrées, le remplacement du bois par le fer dans les constructions et dans la marine, la multiplicité des machines dans toutes les branches du travail humain, quelques grands qu'aient été les efforts pour augmenter la production de ce métal, elle est encore aujourd'hui inférieure à la consommation.

Et cette insuffisance ne se manifeste pas dans un pays quelconque pris isolément ; l'observation s'applique à l'économie générale de l'industrie du fer.

EN AMÉRIQUE. — Les États-Unis d'Amérique, — malgré leurs énormes fourneaux qui coulent deux millions et demi de tonnes de fonte, et leurs grandes forges qui élaborent un million de tonnes de fer à l'année, — ont, en 1871, importé 572,000 tonnes de ce métal ; leur déficit, pour l'année courante, est évalué à plus de 600,000 tonnes.

EN ANGLETERRE.

L'Angleterre, malgré ses innombrables usines, voit grandir, d'année en année, non-seulement sa propre consommation, mais encore les besoins des États éloignés qui forment sa vaste clientèle commerciale. Dans les cinq premiers mois de l'exercice courant, ses exportations se sont élevées à 1,377,233 tonnes, c'est-à-dire qu'elles ont dépassé de 132,993 tonnes le chiffre des exportations de fer, dans les cinq premiers mois de 1871.

EN BELGIQUE.

Le même résultat se manifeste en Belgique, pays d'exportation pour les produits de la métallurgie, et dont les industriels, à l'exemple de ceux d'Angleterre et de France, ont acclimaté les œuvres de leur pays dans les États privés d'industrie. La Belgique, dans le premier trimestre de 1872, a exporté 12,308 tonnes de fonte et 40,905 de fer; soit 6,454 tonnes de fonte et 15,400 de fer de plus que dans le premier trimestre de 1871.

EN FRANCE.

En France, dans les circonstances normales, la consommation du fer progressait de 50,000 tonnes environ, par année. La guerre a eu des conséquences très-complexes qu'il est indispensable d'analyser, pour se faire une opinion sur les conditions dans lesquelles l'industrie du fer se trouve, et devra rester pendant un certain temps.

Il y a eu, tout d'abord, épuisement des stocks, un grand nombre d'usines n'ayant pu fabriquer pendant la guerre, soit parce qu'elles étaient occupées par l'invasion, soit parce que le personnel était dispersé, pour les besoins de la défense nationale.

Il y a eu aussi suspension de certains travaux et ajournement de beaucoup d'autres, par suite du manque d'argent, de bras et de matériaux.

Mais la paix faite, tous les besoins se sont révélés, la demande a été générale et simultanée.

Malgré les difficultés que présentait le mauvais état de nos principales voies de communication, par terre et par eau, coupées sur tant de points du territoire, il a été pourvu au plus pressé, tant bien que mal, et nos importations, durant les quatre premiers mois de 1872, n'ont excédé celles de 1870 que de 10,423 tonnes de fonte ; nos importations de fer ont été inférieures d'un millier de tonnes à celles de la période correspondante de 1870.

Quant à nos exportations, elles présentent un tableau des plus satisfaisants. Nous avons exporté, durant ces quatre premiers mois, 94,289,709 kilogrammes de produits en fer, contre 50,247,639 kilogrammes exportés dans la même période de 1870, année des plus favorisées. Le progrès est donc de 85 0/0 et, si les mois suivants ne démentent pas les résultats du commencement de l'année, l'exercice 1872 réalisera un chiffre d'exportation de produits en fer de 285,000 tonnes, qui n'avait jamais été atteint jusqu'à ce jour.

Mais si nos exportations compensent largement la diminution de la consommation du fer à l'intérieur, en attendant la reprise complète des travaux, il ne reste pas moins un grand vide à remplir.

INFLUENCE DE LA PERTE DE L'ALSACE-LORRAINE.

En effet, la guerre nous a enlevé des établissements qui concouraient pour *un sixième* à la production totale de la France, comme fer. Jusqu'ici la privation de ces puissants éléments de travail s'est fait à peine sentir, parce que l'Alsace-Lorraine, en vertu des conventions, a pu écouler encore ses marchandises, sur le pied d'égalité, dans nos départements ; mais ce régime transitoire touche à sa fin, le déficit de fonte et de fer va peser sur les transactions, dès l'année prochaine.

Les documents n°ˢ 1 et 2 qui sont joints au présent, permettent de constater que ce déficit représente le sixième de la production totale en 1869, ainsi que nous l'avons dit plus haut.

La production de la fonte, pendant cette campagne, a été de 1,274,333 tonnes et celle du fer de 1,009,370 tonnes. Or, les usines établies dans les départements qui viennent d'être annexés à l'Allemagne, y contribuaient pour 250,000 tonnes de fonte et 150,000 tonnes de fer.

Il convient d'ajouter que les usines perdues pour la France sont justement celles qui fabriquaient aux prix les plus avantageux ; à l'heure actuelle, les forges d'Hayange soumissionnent les fournitures de rails aux prix les plus bas, sur tout le marché de l'Allemagne.

III.

CONSÉQUENCES DE CETTE SITUATION AU POINT DE VUE GÉNÉRAL.

La rupture de l'équilibre entre la consommation et la production de la fonte et du fer, dans le sens de l'insuffisance du métal, devait entraîner inévitablement l'élévation des prix.

LA HAUSSE DU PRIX DES FERS.

La hausse s'est manifestée, tout d'abord, sur le marché le plus large, en Angleterre. Elle s'est répercutée en Belgique, elle s'est généralisée partout, et conséquemment en France.

Il convient de noter que l'excès de la demande sur l'offre n'a pas seule provoqué le renchérissement des fers. D'autres circonstances y ont contribué, notamment l'élévation des salaires, à la suite des grèves ouvrières qui ont occasionné surtout le renchérissement de la houille.

Quoi qu'il en soit, on ne peut qu'être très-frappé des changements survenus dans le marché des fers.

En 1870, les prix étaient les suivants :

EN ANGLETERRE	Fontes de choix..........Fr.	93 75	106 »
	Fontes ordinaires............	65 »	
	Fers marchands	102 50	181 25
	Rails......................	181 »	
	Tôles......................	225 »	237 »
EN BELGIQUE...	Fontes....................	67 50	72 50
	Fers......................	175	220 »
	Rails.....................	190 »	
	Tôles.....................	225 »	245 »

En France....	Fontes au bois............	125	»		
	Fontes au coke............	73	»		
	Fers au bois.............	255	»	285	»
	Fers à la houille...........	200	»	210	»
	Fers mixtes............	215	»	220	»
	Rails............	200	»	210	»
	Tôles............	290	»	300	»

Actuellement, voici les prix qui sont cotés :

En Angleterre	Fontes de choix.........Fr.	165	»		
	Fontes ordinaires...........	142	»		
	Fers marchands	330	»	370	»
	Rails............	260	»	275	»
	Tôles............	500	»		
En Belgique..	Fontes ordinaires...........	120	»		
	Fers	275	»		
	Rails............	275	»	295	»
	Tôles............	300	»	320	»
En France....	Fontes au bois............	160	»	180	»
	Fontes d'affinage............	115	»	120	»
	Fers au bois............	320	»	335	»
	Fers à la houille............	300	»		
	Fers mixtes............	310	»	320	»
	Rails............	240	»	250	»
	Tôles............	330	»	400	»

Ces prix n'expriment pas le dernier mot de la hausse. Les correspondances de l'Angleterre nous apprennent, en effet, que déjà de nombreux contrats sont passés, qui engagent une partie de la production de 1873 à des cours supérieurs.

Le même fait se passe en Belgique où l'on a commencé à disposer des fers de la prochaine campagne, et même de ceux qui seront fabriqués en 1874.

En France on refuse les ordres des négociants anglais, nos usines étant encombrées de commandes. Car c'est un phénomène nouveau de voir la France fabriquer à plus bas prix que ses voisins et leur disputer le marché d'exportation, pour les produits de sa métallurgie.

IV.

CONSÉQUENCES AU POINT DE VUE SPÉCIAL DE LA FRANCE.

NÉCESSITÉ DE CRÉER DE NOUVELLES FORGES.

Mais si notre industrie sidérurgique profite des hauts cours dont nous venons de signaler les causes, et qui sont la conséquence d'une situation complexe, elle a, exclusivement à celle des autres États, une succession considérable à recueillir.

Il s'agit pour elle de créer des établissements nouveaux pour remplacer ceux que la guerre a enlevés au pays.

Rappelons que les usines annexées par l'Allemagne concouraient pour un sixième à la production totale de la France. Si on défalque la consommation locale, il reste encore à pourvoir au déficit de un septième. Or, cela représente 200,000 tonnes de fonte et 140,000 tonnes de fer.

Rappelons également que la consommation française s'accroît, année moyenne, de 50,000 tonnes.

Enfin, que le progrès de nos exportations, s'il se maintient, fera sortir de France 125 à 150,000 tonnes de plus qu'en 1870. En résumé il faut accroître les moyens de fabrication qui étaient en œuvre en 1870, dans la mesure nécessaire pour assurer une production supplémentaire de plus de 300,000 tonnes de fer, en 1873.

CE QUI SE FAIT POUR ACCROITRE LA PRODUCTION.

Déjà le mouvement est donné : des usines qui ne fonctionnaient plus, depuis longtemps, parce qu'elles étaient défavorablement situées pour l'approvisionnement des matières premières, et ne pouvaient soutenir la concurrence, sont remises en feu, les prix actuels leur offrant des bénéfices. D'autres établissements plus considérables reçoivent une extension importante, ou des annexes qui seront bientôt de grandes usines. Enfin, des maisons qui possédaient une vaste clientèle dans le pays, et que l'annexion allemande sépare de leur marché, tenant à le conserver, se décident à transporter leur industrie en deçà de la nouvelle frontière.

2

C'est particulièrement dans le département de la Meurthe-Moselle que l'activité se déploie pour développer les usines anciennes et pour en créer de nouvelles.

La localité, en effet, semble avoir été destinée à devenir le siége d'une immense exploitation du fer que la nature y a prodigué, en le plaçant à portée des riches bassins houillers du Nord, de la Belgique et de la Prusse, bassins auxquels les gisements miniers sont reliés par tout un système de voies navigables et de chemins de fer.

Les considérations qui précèdent, démontrent suffisamment l'opportunité et l'actualité d'une grande entreprise basée sur la fabrication de la fonte et du fer.

Les explications qui vont suivre, en mettant en lumière les avantages de la position choisie par MM. Barbe, à Liverdun, ainsi que les beaux résultats qu'ils ont déjà obtenus, au prix de très-grands capitaux, justifieront le projet qui est présenté à la Société Industrielle, et dont le but a été formulé dans les premières lignes de cette étude.

Au surplus, la riche vallée qui est sillonnée par la Moselle, par le canal de la Marne au Rhin, par le chemin de fer de Paris à Strasbourg et les lignes venant s'y souder, est aujourd'hui le point de convergence de tous les efforts de la nouvelle industrie du fer.

La Société de Montataire ayant renoncé à l'exploitation d'anciennes usines, a élevé là deux hauts-fourneaux; elle va en construire deux autres et installer un laminoir.

MM. Dupont et Dreyfus, dont les usines d'Ars sont devenues allemandes, construisent une grande forge près Frouard.

Une Société se constitue pour installer un laminoir à Champigneulles. — La Compagnie belge qui a monté deux hauts-fourneaux, près de la même localité, encouragée par les bénéfices qu'elle réalise, vient d'augmenter d'un million et demi son capital, pour développer ses affaires. — Les Prussiens, eux-mêmes, exploitent le minerai de fer, qu'ils font transporter dans leurs établissements, en retour des charbons qu'ils importent par bateaux.

Eh bien ! l'examen des lieux suffit pour démontrer qu'aucune de ces entreprises n'est aussi favorablement placée que celle de Liverdun, attendu que tous les éléments que possèdent les autres usines, l'usine de Liverdun les possède aussi, et elle a sur les hauts-fourneaux du pays cet avantage incontestable que les galeries d'exploitation du minerai viennent déboucher au gueulard même des fourneaux ; ce qui veut dire que le minerai coûte moins cher à Liverdun que dans les autres forges.

Les conditions que doit remplir une localité pour être utilement le centre d'une exploitation métallurgique, sont : 1° l'abondance, la bonne qualité et le bas prix des matières premières sur place, et la commodité d'y amener celles qui doivent venir du dehors ; 2° l'existence, sur les lieux, d'une population ouvrière suffisante et la facilité d'en augmenter le nombre dans des conditions qui assurent une main-d'œuvre économique ; 3° enfin, le concours de moyens de communication par terre, notamment par chemin de fer, et aussi par voie d'eau, afin que la concurrence réduise au minimum le prix des transports.

Pour ce qui est des matières premières, il s'agit du minérai de fer, de la pierre calcaire qui aide à sa fusion, et du combustible minéral, tant à l'état de houille qu'à l'état de coke.

La population consiste en ouvriers mineurs, fondeurs, forgerons et manœuvres.

L'usine de Liverdun réunit ces différents éléments, dans les conditions les plus propices, ainsi qu'on en peut juger par les détails qui seront donnés dans la deuxième partie de cette étude.

[illegible]

DEUXIÈME PARTIE.

V.

L'USINE DE LIVERDUN.

Avant d'aborder l'examen du projet qui a pour but le développement des moyens de production de la forge de Liverdun, il convient d'analyser les moyens de travail qui s'y trouvent déjà réunis, l'état des exploitations actives, les prix de revient des produits et les bénéfices que procure leur vente.

Le siége de l'entreprise est situé près Liverdun, arrondissement de Toul, département de Meurthe-Moselle, sur un emplacement de 20 hectares, environ, traversé par la Moselle, le canal de la Marne au Rhin, le chemin de Paris à Strasbourg et la route de Frouard à Liverdun.

Au moyen d'un pont en fer jeté sur le canal, on a établi un raccordement qui permet d'amener, de la voie du chemin de fer dans toutes les parties de l'usine où cela est utile, les wagons chargés de combustible, et de les y ramener après les avoir chargés des produits de la fabrication.

Des quais établis le long du canal, permettent de charger et de décharger les bateaux de charbon et de castine, devant les halles de l'usine. Le canal étant en contre-bas du chemin de fer, les wagonnets sont manœuvrés à l'aide d'un appareil à contre-poids.

L'entreprise créée par MM. Barbe, comprend :

1° Une concession de mine de fer de 400 hectares environ, avec les emplacements extérieurs nécessaires aux services;

2° Une carrière de pierre calcaire ;

3° Un établissement métallurgique très-complet, pour la fabrication de la fonte ;

4° Des logements pour un grand nombre de familles employées aux travaux de la mine et de la forge, avec cantine et économat ;

5° Une construction importante destinée à l'habitation du Directeur ;

6° Des dépendances pour écuries, remises, ateliers de réparation, etc. ;

7° Une briqueterie.

LA MINE. La mine a été ouverte en 1864. Elle est actuellement en pleine exploitation.

On extrait le minerai de deux couches différentes, dont les produits sont consommés dans les fourneaux, sans grillage préparatoire.

Le minerai de la première couche rend de 30 à 33 0/0. Voici sa composition prise au sortir des chantiers d'abattage, avec l'eau de carrière :

Sable et silice..	13 »
Alumine...	7 »
Chaux...	10 »
Fer..	33 »
Eau de carrière.......................................	13 »
Acide carbonique et oxygène	24 »
Total........	100 »

Le minerai de la deuxième couche rend de 33 à 38 0/0 ; son analyse au sortir des chantiers donne la composition suivante :

Sable et silice..	10 »
Alumine..	4 50
Chaux..	5 50
Fer	40 »
Eau de carrière......................................	18 »
Acide carbonique et oxygène	22 »
Total.........	100 »

En ce moment 112 ouvriers mineurs sont occupés et il y a des chantiers ouverts pour en employer un nombre à peu près égal.

Les galeries de roulage maçonnées sont en pente suffisante pour desservir les deux niveaux. L'une d'elles débouche à 50 mètres environ des fourneaux à alimenter, l'autre aboutit à 60 mètres du canal où sont chargés en bateaux les minerais vendus à d'autres usines de l'Est et du Nord ; tandis que, par une voie de fer, les minerais extraits au moyen de cette galerie et destinés aux besoins de la forge, sont conduits devant les fourneaux, aux ateliers de cassage.

Les travaux de chantiers et de galeries sont assez développés pour permettre de faire face immédiatement aux exigences d'une exploitation énorme. Chaque mètre carré de terrain minier fournit, au moins, 4 tonnes de minerai provenant des deux couches exploitées. La concession pourra fournir 16 millions de tonnes au minimum (1).

Le minerai de la première couche se vend facilement 4 fr. 00 c. la tonne mis en bateau ou en wagon. Celui de la deuxième couche trouve preneur à 4 fr. 50 et 5 francs, dans les mêmes conditions (2).

A la mine, sont attachés environ 4 hectares de terrain, 30 cottages d'ouvriers, une petite forge, des bascules, un réfectoire.

Le matériel comprend environ 150 wagonnets, portant chacun de 1,000 à 1,500 kilogrammes ; des ustensiles de mineurs, des perforateurs et une longueur considérable de voies ferrées qui se développent au fur et à mesure de l'avancement des travaux.

Dans le district, on paie habituellement une redevance de 0 fr. 50 c. par tonne, au propriétaire des concessions, et le transport du minerai, depuis l'exploitation jusqu'aux fourneaux, coûte en moyenne, 1 fr. par tonne, pour la plupart des usines.

Dans l'entreprise de Liverdun, la mine appartient directement à l'exploitation et le prix de transport est nul, ce qui représente une économie de 1 fr. 50 c. par tonne de minerai.

---

(1) On verra dans un tableau les quantités de minerai qui sont sorties de la mine depuis qu'elle a été ouverte. (Tableau n° 3.)

(2) Le prix de revient du minerai est de 3 fr. les 1,000 kilos. On en trouvera le détail aux documents ci-annexés. (Tableau n° 3.)

LA CARRIÈRE DE ÇASTINE. La carrière a une étendue de 60 ares. Elle est située sur le bord du canal, à 3 kilomètres de l'usine et fournit non-seulement le calcaire employé pour la fusion du minerai, mais encore des quantités de moellons employés dans la construction des bâtiments.

L'extraction a été aménagée de manière que les matériaux, passant en galerie sous la route qui longe le canal, soient amenés aux bateaux, à niveau de la banquette de hallage.

Le calcaire, d'excellente qualité d'ailleurs, est rendu à l'usine au prix, à forfait, de 1 fr. 25 c. le mètre cube.

Les carrières de même nature, placées dans des conditions moins favorables pour la sortie et le transport de la pierre, se vendent habituellement à raison de 1,000 francs l'are.

L'USINE MÉTALLURGIQUE. Construite en 1865, l'usine a commencé à marcher en 1866, avec le premier fourneau. Le second a été mis en feu quelque temps après.

Elle est établie sur un emplacement d'environ 14 hectares traversé par le canal de la Marne au Rhin, sur la berge duquel on a établi des quais de chargement et de déchargement.

Elle est reliée au chemin de fer par le raccordement à grande section, dont il a été parlé précédemment.

Les terrains compris entre le canal et le chemin de fer sont en contre-bas et servent de dépôt pour les laitiers. Il y a de la place pour vingt années au moins, à très-grande proximité des fourneaux, et il se formera ainsi un emplacement à niveau très-avantageux pour les besoins à venir.

L'usine comprend deux hauts-fourneaux de grande dimension, remontés à neuf, de même que les appareils à chauffer le vent; avec les machines, chaudières, élévateurs et tous les accessoires voulus.

Le fourneau n° 1 marche depuis un an, produisant environ 40,000 kilos de fonte par 24 heures. — Le fourneau n° 2 a été remis en marche depuis quelques semaines seulement; dans un mois ou deux il produira aussi 40,000 kilos.

Il y a de la vapeur, du vent, du matériel pour fondre 90 à 100 tonnes par jour. Toutes les installations sont en double, pour éviter les arrêts: ainsi double monte-charge, double pompe, double réservoir d'eau pour les tuyères. En outre, les dispositions d'ensemble ont été prises en vue de pouvoir doubler la puissance productive de l'usine, en très-peu de temps, et avec la moindre dépense. Ainsi : dans le bâtiment des machines, il y a place pour une nouvelle soufflerie ; on peut développer le massif des chaudières ; il suffit de prolonger les conduites de vent et de gaz en ligne droite, pour relier de nouveaux fourneaux et aux souffleries et aux chaudières.

Pendant l'arrêt causé par la guerre de 1870 à 1871, près de 200,000 francs ont été dépensés, pour remonter les fourneaux, installer un concasseur mécanique et des chaudières nouvelles, pour mettre tout en bon état de fonctionnement.

Grâce au canal qui permet les transports de la fonte à un fret très-bas, l'usine peut fournir aux laminoirs du nord et de l'est, ainsi qu'aux établissements des environs de Lyon.

L'usine comprend enfin : un atelier de réparation, dont l'outillage est mu par la vapeur ; des bureaux, un laboratoire et les logements du personnel.

LES LOGEMENTS ET L'ÉCONOMAT.

Les logements des familles attachées à l'exploitation appartiennent à l'établissement : il y a environ 30 cottages pour la mine et 25 habitations pour les employés et ouvriers de la forge. L'usine, en outre, tient en location, au village, une quantité de logements, avec faculté d'acquérir les maisons à prix déterminé.

Les employés sont logés gratuitement, les ouvriers paient 10 francs par mois. Chaque maison comprend deux logements et rapporte 20 francs. Elle coûte 2,500 francs de construction. Des jardins sont attachés à ces habitations qui forment déjà un village.

On a également établi un économat qui fournit aux ouvriers les denrées, vêtements, chaussures, etc., etc., à des prix avantageux, tout en leur évitant des déplacements et des occasions de se déranger.

On verra par la suite que cette organisation produit un revenu déjà assez important.

L'HABITATION DU DIRECTEUR.

Elle est située à très-petite distance de l'usine, sur un point assez élevé pour dominer l'ensemble des constructions. Quoiqu'ayant

3

coûté 60,000 francs, l'habitation du directeur n'est pas achevée. Les travaux, interrompus par la guerre, n'ont pas encore été repris. Il ne reste que des détails d'intérieur à terminer.

LES DÉPENDANCES.

Il s'agit d'un grand bâtiment en charpente qui contient les écuries, remises, sellerie, atelier de bourrelier, ressérre pour le matériel agricole et greniers à fourrages.

Ce bâtiment est destiné à être déplacé, lors de l'agrandissement de l'usine; il se démontera sans occasionner de grands frais.

LA BRIQUETERIE.

On a vu précédemment que les terrains entre le canal et le chemin de fer, sont en contre-bas et servent de dépôt pour les laitiers des fourneaux. La terre ayant les qualités voulues pour la fabrication des briques, on y a installé deux ateliers de moulage et, de temps en temps, on cuit quelques fournées.

Ces briques servent aux travaux de l'usine, et la proximité du canal permet d'en vendre d'assez grandes quantités, dans le courant de l'année. La terre que l'on tire du sol est remplacée par les laitiers.

La briqueterie donne un bénéfice qui n'est pas à négliger.

LES TERRAINS DE L'ÉTAT.

L'État possède sur les bords du canal des emplacements qui ont été, pour la plupart, des chambres d'emprunt, lors de la construction de cet ouvrage. Les propriétaires de la forge de Liverdun ont un droit de préemption sur ces emplacements.

L'Administration ne tardera pas à aliéner définitivement ces surfaces qui n'ont plus d'utilité pour elle. C'est une ressource avantageuse pour l'usine qui pourra ainsi s'agrandir dans de bonnes conditions.

RÉSUMÉ.

Les explications qui précèdent prouvent que MM. Barbe ont sagement groupé et combiné les éléments constitutifs d'une grande opération.

Il convient maintenant d'examiner si les bénéfices que procure l'exploitation actuelle de ces éléments, sont de nature à légitimer la création d'une société anonyme par actions, ainsi que l'appel à de nouveaux capitaux pour développer la fabrication de la fonte et installer celle du fer.

VI.

EXPLOITATION.

PRIX DE REVIENT DE LA FONTE.

On trouvera aux documents joints à cette étude les états détaillés du prix de revient de la fonte, depuis le jour de la reprise des travaux, en juillet 1871, jusqu'au mois d'avril dernier. Les états de mai et de juin n'étaient pas encore assez complets pour les joindre aux précédents.

Ces états mensuels comprennent les moindres détails de la dépense pour la marche du fourneau n° 1. Ils s'appliqueraient également au fourneau n° 2, s'il était en marche normale, mais ce fourneau est allumé depuis trop peu de temps. Il est d'ailleurs identique au premier.

Le fourneau n° 1, allumé en juillet 1871, a donné, pendant ce mois, un produit moyen de 16,470 kilos par jour, et le prix de revient a été de 72 fr. 91 c. les mille kilos.

En août, la production journalière a été de 31,177 kilos et le prix de revient de 61 fr. 54 c.

Pendant les mois ultérieurs les chiffres moyens de production journalière, et le prix de revient, ont été les suivants :

Septembre 1871 ...... Kil.	31.576 ...... Fr.	65 71
Octobre	35.298	64 85
Novembre	40.710	65 17
Décembre	39.162	69 03
Janvier 1872	37.044	63 70
Février	40.360	64 20
Mars	40.999	61 39
Avril	36.580	64 04

L'ensemble de la production, dans cette période de 300 jours environ, a donc été de 10,606,481 kilogrammes, soit en moyenne 34,889 kilos par jour, au prix moyen de 64 fr. 84 c., soit 65 francs les mille kilos.

Il faut remarquer que, dans une période de dix mois de roulement, l'infériorité du rendement et l'augmentation de dépenses dues à la mise en feu se font sentir plus fortement que sur la marche prolongée de la fabrication.

Les chiffres qui doivent être pris pour base sont, pour chaque fourneau, 40,000 kilos de fonte par jour au prix de 65 francs. En calculant ainsi on aura, au bout de l'année, non pas une déception mais un boni que les précédents permettent d'évaluer à 5 0/0.

Ce boni résulte de ce que tout est compté au plus haut comme dépenses, dans les états mensuels, tandis qu'à l'inventaire de fin d'année les quantités et les sommes sont ramenées à l'exactitude, par la constatation des matières existantes.

ÉVENTUALITÉS.
PRIX DE REVIENT A VENIR.

D'après cela le prix de la fonte se trouverait réduit à 62 fr. 50 c. Mais il faut, dès à présent, se prémunir contre la hausse des charbons. L'usine roule sur des marchés anciens qui auront fin avec l'année.

Si l'on prend pour exemple le roulement du mois d'avril passé, qui est le dernier dont l'état figure aux documents, les divers éléments du prix de revient de la fonte se trouvent résumés ainsi :

3,407 kilos, minerai à	Fr.	3 36	Fr. 11 45
1,271 — coke à		30 50	38 77
386 — castine à		1 10	4 23
Main-d'œuvre et fournitures		»	9 17
Frais généraux		»	4 23
Total	Fr.		64 04

Il faudra modifier ce prix de revient, en portant le coût du coke à 34 fr. 50 c. ou 36 francs suivant les modes de transport, 35 francs les 1,000 kilogrammes en moyenne, et alors le prix de revient se trouvera augmenté de la différence entre 38 fr. 77 c. et 44 fr. 49 c., soit de 5 fr. 72 c.

Comme atténuation, il est permis de compter que la consommation du coke, qui est aujourd'hui de 1,271 kilos, sera diminuée sensiblement, parce que la deuxième couche de minerai sera exploitée, sur une plus grande échelle, et son rendement supérieur fera baisser le prix de revient.

On peut donc calculer sur un prix de revient de 70 francs par 1,000 kilogrammes de fonte, en 1873, soit sur une dépense totale de 2,016,000 francs.

VII.

PRIX DE VENTE.

Bénéfices.

La production entière est vendue actuellement au prix de 115 francs et, à ce prix, on ne s'engagerait pas à en livrer des quantités importantes, pour l'année prochaine.

Déjà des marchés ont été conclus dans la Meurthe-Moselle aux prix de 120 francs.

Il serait donc logique de prendre cette base, mais par prévoyance on peut se limiter au prix actuel.

La fabrication, sur le pied de 80,000 kilos par jour, donnerait donc une recette de 3,312,000 francs.

BÉNÉFICES SUR LA FONTE.

Le bénéfice net procuré par la marche des deux fourneaux représente la différence entre les deux chiffres ci-dessus, et s'élève à 1,296,000 francs.

BÉNÉFICES
D'AUTRES PROVENANCES.

A côté des profits que procure la fabrication de la fonte, il y a quelques autres branches de revenu à porter en compte :

1° L'on vend, en moyenne, 12,000 tonnes de minerai, dans le courant de l'année. Chaque tonne vendue laisse 1 fr. de bénéfice, et il serait facile de porter le chiffre des ventes à 40,000 tonnes. On peut, sans hésiter, calculer sur 30,000.

2° La briqueterie donne, bon an mal an, 8,000 francs de bénéfices ;

3° L'économat, dont le chiffre de vente est actuellement de 12,000 francs par mois, donne 10 0/0 de bénéfices ;

4° Il y a aussi à tenir compte du montant de la location des logements.

BÉNÉFICE GÉNÉRAL.

En résumé, si l'on ne donnait aucune extension à l'usine de Liverdun, si l'on se bornait à exploiter les deux fourneaux existants, à vendre du minerai et de la brique, comme par le passé, à faire valoir le logement et l'économat, dans les conditions présentes, l'entreprise réaliserait, à la fin de l'exercice 1873, à moins d'événements perturbateurs, un bénéfice total de 1,348,000 francs ainsi représenté :

Bénéfice sur la fonte.................................. Fr.	1.296.000	»
— sur le minerai...............................	30.000	»
— sur les briques..............................	8.000	»
— sur l'économat..............................	12.000	»
— sur locations...............................	*mémoire*	
Bénéfice total............... Fr.	1.348.000	»

Mais telle n'est pas la pensée qui préside à la formation de la Société anonyme. On se propose, au contraire, de doubler le nombre des fourneaux et la production de la fonte, d'installer, en outre, un laminoir pour la fabrication des fers marchands et de la tôle.

Il faut donc maintenant examiner la nouvelle combinaison. Ce sera l'objet de la troisième partie de cette étude.

TROISIÈME PARTIE.

VIII.

L'EXTENSION PROJETÉE DE L'USINE DE LIVERDUN.

Le projet d'extension de l'usine de Liverdun, comprend : 1° la construction et l'exploitation de deux nouveaux fourneaux ; 2° l'installation d'un laminoir pour la fabrication des fers marchands et de la tôle.

CONSTRUCTION DE DEUX NOUVEAUX FOURNEAUX.

Il est superflu de justifier la première partie de ce programme, puisque l'exploitation des deux fourneaux existants démontre l'avantage de la fabrication de la fonte, qui donne un bénéfice de 45 francs pour une dépense de 70 francs, soit 64 1/2 0/0. Par conséquent, on ne peut que reconnaître très-logique l'addition de deux hauts-fourneaux, dont la dépense de premier établissement ne dépassera pas 500,000 francs.

Cette addition effectuée, le chiffre du profit de la fabrication de la fonte sera doublé, et porté à 2,592,000.

Pareillement s'accroîtra le bénéfice que procure l'économat, puisque le personnel qui y fait ses achats sera presque doublé.

En résumé, par l'établissement et la mise en activité des deux nouveaux fourneaux, les bénéfices de l'exploitation seront élevées aux chiffres ci-après :

Fabrication de la fonte	Fr. 2.592.000	»
Vente du minerai	30.000	»
Revenus de l'économat	24.000	»
Profits de la briqueterie	8.000	»
Total des bénéfices	Fr. 2.654.000	»

C'est de ce chiffre qu'il faut partir pour se rendre compte des avantages que procurera l'élaboration de la fonte et sa conversion en fer de commerce et en tôle.

INSTALLATION DES LAMINOIRS.

Le projet dont le détail est joint aux documents ci-après, a pour objectif de transformer la quantité annuelle de 10,752,000 kilogrammes de fonte en 9,600,000 kilogrammes de fer brut qui, à leur tour, seront convertis en 7,200,000 kilogrammes de tôle et 1,074,000 kilogrammes de fers marchands.

MOTIFS A L'APPUI DU PROJET.

La qualité des fontes de Liverdun est très-bonne pour la tôle, puisque l'usine fournit à deux laminoirs de tôlerie dans le Nord et la Champagne. De plus, on fait remarquer que la différence entre la production et la consommation de cet article laisse prévoir qu'il se passera encore bien des années avant qu'on ait une concurrence réelle à soutenir. Hayange était le seul laminoir à tôles fonctionnant en Lorraine et, dans quelques mois, ses produits ne pourront plus entrer en France.

La Belgique est le pays qui importe le plus de tôle en France, et si on fait la comparaison des principales données du prix de revient des usines belges avec celles de la Lorraine, on trouve :

1° Que le prix de la fonte est le même dans les deux pays, mais qu'il ne peut qu'augmenter en Belgique, tandis que c'est l'inverse qui aura lieu en Lorraine ;

2° Que la distance entre les centres producteurs de la Belgique et les principales villes de France est, en moyenne, plus longue que celle de Liverdun à ces mêmes villes ;

3° Que le droit d'entrée sur les produits belges, même après réduction provenant du jeu des acquits-à-caution, compense, et au delà, la différence en plus que l'on doit payer sur le prix du charbon à Liverdun ;

4° Et qu'enfin, les fontes du pays se prêtant à la fabrication de tôles et de fers qui ne le cèdent en rien à ceux fabriqués chez nos voisins, il est certain qu'à prix égal les consommateurs français achèteront la tôle et les fers dans leur pays, plutôt qu'à l'étranger, les relations étant plus faciles.

DÉPENSES D'ÉTABLISSEMENT.

Telles sont les considérations qui ont motivé le projet d'installation d'un laminoir à fers marchands et à tôle.

Voici maintenant les chiffres de la dépense que comporte l'exécution de ce projet.

COMPOSITION DE LA FORGE.

Pour produire les quantités de fer et de tôle indiquées plus haut, il faut fabriquer annuellement 9,600,000 kilos de fer puddlé, ce qui correspond au travail de 12 fours fonctionnant chacun 25 jours par mois et faisant 15 charges en moyenne par 24 heures. — La charge de 200 kilos de fonte rendant 178 kil. 1/3 de fer puddlé, 112 kilos de fonte produiront 100 kilos de fer puddlé.

Le nombre des fours devra être porté à 14 parce qu'il y en a toujours en réparation. Ces fours seront disposés par groupes de deux et il y aura une chaudière, avec un seul bouilleur entre les deux fours. La chaleur perdue sera utilisée pour produire la vapeur nécessaire à l'alimentation des machines, marteaux-pilons, cisailles, etc. Le nombre des chaudières est de 7, et leur force de 30 chevaux chacune.

Le martelage des loupes et des paquets sera fait par deux marteaux-pilons de 3,000 à 4,000 kilos chacun.

Le laminage des fers puddlés, corroyés et fers marchands se fera par

4

un train de trois cages de cylindres dégrossisseurs, finisseurs pour les fers et finisseurs pour la tôle.

Le service des laminoirs exige 5 fours à chauffer et un four dormant; mais, en raison des réparations inévitables, il faut porter à 6 le nombre des fours à chauffer. Leur disposition est d'ailleurs la même que pour les fours de puddlage, c'est-à-dire, qu'ils seront groupés deux à deux, avec une chaudière entre deux fours.

La force motrice nécessaire est de 240 chevaux, savoir :

2 marteaux-pilons de 3 à 4,000 kilos	40 chevaux.
1 laminoir ébaucheur et à fers marchands	60 —
1 laminoir à tôle	100 —
1 grosse cisaille à tôle	10 —
2 petites cisailles à tôle	10 —
1 machine pour les tours, etc	15 —
1 pompe	5 —
Total	240 chevaux.

Les dix groupes de fours à puddler et réchauffer ayant chacun une chaudière de 30 chevaux-vapeur, on disposerait de 300 chevaux; mais les fours en réparation réduisent la force disponible à 240 chevaux. On peut donc calculer qu'il ne sera pas nécessaire de brûler de la houille pour produire de la vapeur, la chaleur perdue devant suffire aux besoins.

CAPITAL AFFECTÉ
AU LAMINOIR.

Comme il s'agit de se rendre compte de l'augmentation de bénéfice que devra produire le laminoir, nous lui ferons un compte à part, en lui affectant un capital déterminé, et en lui livrant la fonte au même prix qu'elle serait vendue à la clientèle.

La construction et l'installation de ce laminoir, bâtiment compris, sont évaluées à 657,500 francs ; le devis est aux documents joints à cette notice, tableau n° 15. On a prévu que le chiffre de un million de francs suffirait, tant pour l'établissement que pour le roulement de la forge.

COUT DE LA FABRICATION
DU FER.

Pour établir le prix de revient des fers marchands et de la tôle, il faut supposer le travail en plein roulement, la fabrication employant

les déchets et rognures que les opérations précédentes ont laissés, et
auxquels on attribue la valeur qu'ils auraient dans le commerce.

FER BRUT.

La fabrication de 9,600,000 kilogrammes de fer brut donne lieu aux
dépenses ci-après :

10,752,000 kil. de fonte à 115 francs les 1,000 kilos.	1.236.480 »
8,640,000 kil. de charbon 1/5 menu 4/5 tout-venant acheté 14 fr. 30 c. à Sarrebruck et transporté à Liverdun à 4 francs, prix 18.30..............	158.112 »
Salaires, entretien des fours, outils, machines et frais généraux, compris l'intérêt 5 0/0 au capital..............	293.760 »
Total de la dépense......Fr.	1.688.352 »

Ce qui fait ressortir à 17 fr. 587 le prix de revient des 100 kilogrammes de fer puddlé.

FERS CORROYÉS
ET FERS MARCHANDS.

Pour cette fabrication on emploiera partie fer puddlé ci-dessus et
partie rognures, découpures et rebuts.
Le prix de revient s'établira ainsi :

2,142,000 kil. de fer ébauché à 17 fr. 587...Fr.	376.713 55
2,088,000 kil. de découpures et rebuts à 14 fr....	292.330 »
2,748,000 kil. de charbon à 18 fr.30 c..........	50.288 45
Salaires, entretien, etc...................	72.800 »
Total de la dépense........Fr.	792.122 »

On obtiendra ainsi 3,640,000 kilogrammes de fers corroyés et de fers
marchands dont le prix de revient ressort à 21 fr. 762 les 100 kilogrammes.

TOLES.

Des 3,640,000 kilogrammes de fer ci-dessus, on prendra une portion, soit 2,566,000 kilogrammes, pour fabriquer la tôle; on y ajoutera ce qui n'a pas été employé des fers puddlés, soit 7,458,000 kilogrammes, plus ce qui reste des rognures et déchets provenant des opérations précédentes, soit 200,000 kilogrammes.

Le décompte de la fabrication s'établira ainsi :

2,566,000 kil. de fer corroyé à 21 fr. 76,2 ......Fr.	558.403 »
7,458,000 kil. de fers ébauchés à 17.58,7 ......Fr.	1.311.638 45
200,000 kil. de rognures et rebuts à 14 fr.....	28.000 »
5,760,000 kil. de charbon à 18 fr. 30 c.........	105.408 »
Salaires, entretien, etc	180.440 »
Total de la dépense.....Fr.	2.183.889 45
Dont il faut déduire 2,288,000 kilogrammes de découpures et rebuts à 14 francs..................Fr.	320.320 »
Coût de la tôle......Fr.	1.863.569 45

Soit pour 7,200,000 kilogrammes, 25 fr. 88,2. les 100 kilogrammes.

RÉCAPITULATION DES DÉPENSES DE FABRICATION

En reprenant les chiffres qui précèdent et qui représentent la dépense de production de 7,200,000 kilogrammes de tôle, et de 1,074,000 kilogrammes de fers marchands, compris les frais généraux ordinaires, c'est-à-dire les appointements, frais de voyages, entretien du matériel et des bâtiments, enfin l'intérêt du capital de 1 million, on a la récapitulation suivante :

Fonte	1.236.480 »
Charbon	313.808 »
Salaires, objets de consommation, frais divers.....	437.000 »
Frais généraux	60.000 »
Intérêt du capital à 5 0/0	50.000 »
Total..........Fr.	2.097.288 »

Cette dépense correspondant aux prix de revient de 25 fr. 88 c. pour la tôle et de 21 fr. 72 c. pour le fer,

On a, comme dépenses respectives, les chiffres suivants :

9,200,000 kil. de tôle à 25 fr. 882. les 100 kil. Fr.	1.863.569	»
1,074,000 id. fers à 21 fr. 762	233.719	»
Total égal.... Fr.	2.097.288	»

IX.

BÉNÉFICES PROBABLES DU LAMINOIR.

Les tôles se vendent de 33 à 40 francs les 100 kilos et les fers marchands 30 francs, la plus-value de classement couvrant les frais de transport, dont la moyenne n'excède pas 10 francs par tonne.

En prenant pour base les prix de vente ci-dessus, on devra obtenir des produits de la forge le résultat ci-après :

7,200,000 kil. de tôle à 33 francs.............. Fr.	2.376.000
1,074,000 id. fers à 30 francs.................	322.200
Total de la recette........... Fr.	2.698.200
Total de la dépense.........	2.097.288
Bénéfice annuel............. Fr.	600.911

On voit, d'après ces chiffres, que le capital de 1 million consacré à l'établissement et au roulement de la forge aura été bien employé, puisque, après avoir obtenu l'intérêt à 5 0/0, sous forme de frais généraux, il aura un bénéfice de 60 0/0.

X.

CONCLUSIONS.

L'établissement métallurgique de Liverdun, en l'exploitant tel qu'il est, peut donner et donnera en 1873, un bénéfice de 1,346,000 francs.

Si on y ajoute deux autres fourneaux, le bénéfice pourra être porté au chiffre de 2,654,000 francs.

Enfin si, indépendamment des quatre hauts-fourneaux, on installe la fabrication du fer et de la tôle, le résultat sera encore accru de 600,000 francs par an.

Les adjonctions prévues au projet nécessiteront une dépense de 1,500,000 francs dont 500,000 francs pour les fourneaux et 1,000,000 francs pour le laminoir.

L'usine disposant de moyens de production de cette importance, il conviendrait que le fonds de roulement fût de 1 million et demi au moins.

Il s'agit donc de constituer un nouveau capital de 3,500,000 francs qui, ajouté à la valeur actuelle des concessions, terrains, usines, matériel et approvisionnements, porterait à 7,500,000 francs la base financière de la Société anonyme.

Partie de ce chiffre pourra être représenté par des Actions et partie par des Obligations, suivant l'usage aujourd'hui adopté.

Il est bien entendu que ces chiffres sont établis sans tenir compte des combinaisons qui ont pour objectif : 1° d'acquérir, fusionner ou construire d'autres usines métallurgiques, afin d'assurer à la Société la prépondérance dans l'industrie de l'Est ; 2° d'adjoindre aux éléments dont elle disposera une exploitation houillère et des fours à coke, afin de rendre la Société indépendante pour le charbon, comme elle l'est pour le minerai.

Ces opérations, si elles se réalisent, nécessiteront un accroissement des ressources financières.

ÉMILE PÉLARD.

Paris, le 18 juillet 1872.

ANNEXES

Tableau donnant la production de la FONTE pendant l'année 1869.

N° 1.

DÉSIGNATION DES GROUPES.	1er SEMESTRE			2e SEMESTRE			ANNÉE ENTIÈRE		
	Fonte de moulage	Fonte d'affinage	TOTAL	Fonte de moulage	Fonte d'affinage	TOTAL	Fonte de moulage	Fonte d'affinage	TOTAL
	Kilog.	Kilog.	Kilog.	Kilog.	Kilog.	Kilog.	Kilog.	Kilog.	Kilog.
Ardennes	1.017.500	6.099.830	7.117.330	828.300	7.002.640	7.830.940	1.845.800	13.102.490	14.948.290
Bassin de Paris	»	»	»	»	»	»	»	»	»
Bretagne	4.402.041	6.459.371	10.861.442	4.142.580	5.371.847	9.514.427	8.544.621	11.831.218	20.375.839
Centre	23.088.712	117.832.865	140.921.577	24.072.218	104.291.167	128.363.385	47.160.930	222.124.032	269.284.962
Champagne	19.878.175	35.202.177	55.080.352	18.569.480	31.872.449	50.441.929	38.447.655	67.074.626	105.522.281
Comté	4.312.113	14.868.847	19.180.960	2.323.443	19.867.214	22.190.657	6.635.556	34.736.061	41.371.617
Escaut	10.863.900	36.726.700	47.590.600	9.000.000	38.558.000	47.558.000	19.863.900	75.284.700	95.148.600
Gard, Bouches-du-Rhône et Corse	8.763.700	39.617.150	48.380.850	9.043.134	37.851.423	46.894.557	17.806.834	77.468.573	95.275.407
Loire et Savoie	16.400.000	99.874.255	116.274.255	43.375.160	63.338.000	106.913.160	59.975.160	163.212.255	223.187.415
Longwy	5.624.545	53.014.630	58.639.175	9.921.580	52.070.200	61.991.780	15.546.125	105.084.830	120.630.955
Nord de la Moselle	9.182.944	76.020.850	85.203.794	5.915.713	71.011.770	76.927.483	15.098.657	147.032.620	162.131.277
Sambre	271.000	23.951.337	24.222.337	442.000	31.428.293	31.870.293	713.000	55.379.630	56.092.630
Sud de la Moselle et Meurthe	6.956.153	57.064.786	64.020.939	6.445.092	84.030.725	90.475.817	13.401.245	141.095.511	154.496.756
Sud-Ouest	936.902	12.962.595	13.899.497	948.683	9.222.837	10.171.520	1.885.585	22.185.432	24.071.017
Usines d'Aubin et de la Marine imp^le	»	8.355.710	8.355.710	»	7.608.530	7.608.530	»	15.964.240	15.964.240
TOTAUX	111.697.685	588.051.123	699.748.808	135.227.383	563.525.095	698.752.478	246.925.068	1.151.576.248	1.398.501.286
Rappel de l'année 1868	133.666.590	502.592.387	636.258.977	124.732.245	513.342.179	638.074.424	258.393.835	1.015.934.566	1.274.333.401
Augmentation en 1869							»	135.641.652	124.167.885
Diminution en 1869							11.468.767	»	»

Tableau donnant la production du FER en France pendant l'année 1869.

N° 2.

DÉSIGNATION DES GROUPES	PREMIER SEMESTRE				DEUXIÈME SEMESTRE				ANNÉE ENTIÈRE			
	FERS de toute espèce	RAILS	TÔLES	TOTAL	FERS de toute espèce	RAILS	TÔLES	TOTAL	FERS de toute espèce	RAILS	TÔLES	TOTAL
	Kil.	Kil.	Kil.	Kil.	Kil.	Kil.	Kil.	Kil.	Kil.	Kil.	Kil.	Kil.
Ardennes	13.641.270	»	6.864.281	20.505.551	20.344.006	»	7.706.612	28.050.618	33.985.276	»	14.570.893	48.556.169
Bassin de Paris	19.817.089	»	6.245.000	26.062.989	20.421.376	»	7.257.909	27.679.285	40.239.345	»	13.502.909	53.742.254
Bretagne	6.013.100	»	924.107	6.937.207	5.184.479	»	1.085.950	6.270.429	11.197.579	»	2.010.057	13.207.636
Centre	61.757.972	30.906.015	13.337.810	106.001.797	61.778.504	29.407.860	13.195.345	104.381.709	123.536.476	60.313.875	26.533.155	210.383.506
Champagne	47.094.999	»	1.815.604	48.910.603	47.937.491	»	1.076.119	49.013.600	95.032.490	»	3.491.723	98.524.203
Comté	20.039.203	365.302	6.502.480	26.907.987	20.079.293	320.679	6.549.871	26.958.843	40.118.496	685.981	13.052.351	53.866.830
Escaut	27.632.028	6.270.211	2.382.172	36.284.441	24.651.605	7.135.425	2.781.514	34.568.545	52.283.633	13.405.675	5.163.086	70.852.736
Gard, Bouches-du-Rhône et Corse	7.324.237	7.668.803	»	14.993.040	6.005.262	7.910.948	»	13.916.210	13.329.499	15.579.751	»	28.909.250
Loire et Savoie	55.352.477	7.230.763	8.635.953	71.219.193	49.595.893	6.180.012	9.463.177	67.239.082	104.948.370	15.410.775	18.099.130	138.458.275
Longwy	3.327.375	»	»	3.327.375	3.409.300	»	»	3.409.300	6.736.675	»	»	6.736.675
Nord de la Moselle	17.237.254	30.783.745	2.905.240	50.926.239	14.765.584	31.311.302	2.430.707	48.537.593	32.032.838	62.095.047	5.335.947	98.413.832
Sambre	40.048.208	9.310.850	1.107.630	50.466.688	48.554.091	17.822.210	1.056.866	67.432.809	88.602.299	27.133.060	2.164.198	117.899.557
Sud de la Moselle et Meurthe	17.025.800	»	118.700	17.144.500	18.814.800	»	67.300	18.882.100	35.840.600	»	186.000	36.026.600
Sud-Ouest	3.642.780	»	»	3.642.780	3.832.110	»	»	3.832.110	7.474.890	»	»	7.474.890
Usines d'Aubin et de la Marine impériale	1.148.158	12.192.287	657.271	13.997.716	2.064.122	8.770.974	434.771	11.269.867	3.212.280	20.963.261	1.092.042	25.267.583
TOTAUX	341.102.832	104.728.976	51.496.248	497.328.056	347.357.906	110.868.411	53.705.843	512.046.160	688.570.738	215.597.387	105.202.091	1.009.370.216
Rappel de l'année 1868	294.974.540	102.532.081	46.466.611	443.973.232	324.147.579	101.672.446	46.851.812	472.671.837	619.122.119	204.204.527	93.318.423	916.645.069
Augmentation en 1869									69.448.619	11.392.860	11.883.668	92.725.147
Diminution en 1869									»	»	»	»

Nº 3.

QUANTITÉS DE MINERAI EXTRAITES DEPUIS L'OUVERTURE DE LA MINE

ANNÉES	QUANTITÉS
1865	kil. 2.015.430
1866	8.530.840
1867	23.904.090
1868	38.512.200
1869	24.934.130
1870	27.590.000
1871	18.727.450
1872	Janvier .... 1.824.000 ⎫ Février .... 1.619.800 ⎪ Mars .... 1.843.700 ⎬ 11.058.300 Avril .... 2.563.400 ⎪ Mai .... 3.237.400 ⎪ Juin .... ⎪ Juillet .... ⎭
TOTAL	157.273.100

Nº 3.

PRIX DE REVIENT PAR 1,000 KIL. DE MINERAI
AVRIL 1872

			Francs	Francs	PRIX PAR 1,000 KIL. Francs
MAIN-D'ŒUVRE	Extraction	2.705.700 kil. à 2'26	6.122 14	6.939 24	2 56
	Chargement et roulage	— à » 15	410 04		
	Pesage, triage, déchargement.	— à » 15	407 06		
AMORTISSEMENTS	Matériel		249 36	349 52	» 12
	Chemin de fer		63 82		
	Boisage		» »		
	Maçonnerie		30 84		
	Immeubles		5 60		
FRAIS GÉNÉRAUX	Surveillance		200 »	273 35	» 10
	Redevance par 1/12		8 03		
	Loyers				
	Entretien des galeries		65 32		
	Travaux divers				
Redevance aux concessionnaires				N »	» 30
TOTAUX				7.507 31	3 08

3 fr. 08 c. par tonne.

Fourneau N° 1. — Prix de revient.

Mois de Juillet 1871.

N° 4.

	DÉSIGNATION DES DÉPENSES	QUANTITÉS	PRIX par 1000 k	SOMMES PARTIELLES	SOMMES TOTALES	PRIX aux °/oo de fonte
SOUFFLERIE	Machinistes			150 47		
	Chauffeurs			119 85		
	Houille	50.000	23 »	1.150 »	2.782 56	5 57
	Fournitures de magasin			408 20		
	Nettoyage et réparations			954 04		
CONSOMMATION — MINERAI	De Liverdun	1.614.115	3	4.842 34		
	TOTAL	1.614.115	3 »	4.842 34	4.842 34	9 63
COKE		716.510	27 25	19.527 62		
	TOTAL	716.610	27 25	19.527 62	19.527 62	39 02
CASTINE, etc.	Calcaire	241.650	1 50	362 47		
	TOTAL	241.650	1 50	362 47	362 47	» 72
MAIN-D'ŒUVRE	Chef fondeur, fondeurs, surveillants			1.107 75		
	Chargeurs			880 50		
	Décrasseurs			252 »		
	Cassage de mine			348 66		
	Cassage de castine			57 99		
	Cassage et pesage de fonte			151 »		
	Manutentions diverses			860 47		
				441 52		
	TOTAL ... Fr.			4.099 59	4.099 59	8 19

A reporter .... Fr. 31.614 58 — 63 13

DÉSIGNATION DES DÉPENSES	QUANTITÉS	PRIX par 1000ᵏ	SOMMES		PRIX aux °/₀₀ᵏ DE FONTE
			PARTIELLES	TOTALES	
Report........Fr.	....	....	....	31.614 58	63 13
FRAIS GÉNÉRAUX { Frais généraux fixes............	....	....	1.500 »		
....	....	....	1.288 57	2.794 17	5 59
{ Transports divers, etc............	....	....	5 60		
Journées de chevaux............	....	....	156 »		
Livraisons du magasin............	....	....	1.380 02		
Livraisons spéciales............	....	....	560 45	2.096 47	4 19
TOTAL DES DÉPENSES......Fr.	....	....	....	36.505 22	72 91

PRODUCTION

	QUANTITÉS	PRIX par 1000ᵏ	PARTIELLES	TOTALES	
Bocages et débris............	....	....	....		
Fonte nº 5............	436.860	60 »	26.211 60		
— nº 4 bis............	63.710	62 50	3.981 87		
— nº 4............	....	....	....		
— nº 3............	....	....	....		
PRODUCTION TOTALE............	500.570	....	30.193 47		

PRODUCTION — MOYENNE PAR VINGT-QUATRE HEURES 16.470ᵏ.

CONSOMMATION AUX 0/00 DE FONTE

3.224ᵏ Minerai............ 3 0/00ᵏ ..... Fr.	9 63
1.431 Coke............ 27 25	39 02
482 Castine............ 1 50	» 72
Main-d'œuvre............	17 95
Frais généraux............	5 59
TOTAL......Frs.	72 91

RENDEMENT DU MINERAI

31 01 0/0.

Fourneau Nº 1. — Prix de revient.

Mois d'Août 1871.

Nº 5.

	DÉSIGNATION DES DÉPENSES	QUANTITÉS	PRIX par 1000ᵏ	SOMMES		PRIX aux °/₀₀ᵏ DE FONTE
				PARTIELLES	TOTALES	
SOUFFLERIE...	Machinistes			210 »		
	Chauffeurs			148 50		
	Houille	30.000	31 »	910 »	1.690 03	1 75
	Fournitures du magasin			151 »		
	Nettoyage et réparations			270 53		
CONSOMMATION — MINERAI	De Liverdun Sainte-Barbe	2.695.360	3 »	8.086 08		
	De Liverdun Saint-Paul	509.190	3 50	1.782 16		
	Total	3.204.550		9.868 24	9.868 24	10 21
COKE		614.390	27 25	16.742 12		
		652.560	30 50	19.903 06		
	Total	1.266.950		36.645 18	36.645 18	37 92
CASTINE, etc.	Calcaire	467.640	1 50	701 46		
	Total	467.640	1 50	701 46	701 46	» 72
MAIN-D'ŒUVRE	Chef fondeur, fondeur, surveillants			1.151 »		
	Chargeurs			1.405 73		
	Décrasseurs			412 75		
	Cassage de mine			692 16		
	Cassage de Castine			112 24		
	Cassage et pesage fonte			289 86		
	Manutentions diverses			1.388 01		
	Total			5.451 75	5.451 75	5 65

A reporter........Fr. 54.356 66 | 56 25

DÉSIGNATIONS DES DÉPENSES	QUANTITÉS	PRIX par 1000^k	SOMMES		PRIX aux $^o/_{oo}{}^k$ DE FONTE
			PARTIELLES	TOTALES	
Report......Fr.				54.356 66	56 25
FRAIS GÉNÉRAUX ⎱ Frais généraux fixes........			1.500 »		
⎰			2.615 16	4.115 16	4 26
Journées de chevaux........			448 80		
Livraisons du magasin........			450 25		
— spéciales........			92 50	991 55	1 03
TOTAL DES DÉPENSES........Fr.				59.463 37	61 54
PRODUCTION					
Bocages et débris........					
Fonte n° 5........	966.200^k	60 »	57.972 »		
— n° 4 *bis*........					
— n° 4........					
— n° 3........					
PRODUCTION TOTALE........	966.200^k	60 »	57.972 »		

PRODUCTION MOYENNE PAR VINGT-QUATRE HEURES 31.167^k.

CONSOMMATION AUX 0/00 DE FONTE

3.316^k Minerai................ pour 0/00^k .....Fr. 10 21

1.311   Coke 37 92

  483   Castine................ à 1 50 .... » 72

Main-d'œuvre............................ 8 43

Frais généraux 4 26

TOTAL........Fr. 61 54

RENDEMENT DU MINERAI

30 15 pour 0/0.

Fourneau n° 1. — Prix de revient.

Mois de Septembre 1871.

	DÉSIGNATION DES DÉPENSES	QUANTITÉS	PRIX par 1,000 k.	SOMMES PARTIELLES	SOMMES TOTALES	PRIX aux %% DE FONTE
SOUFFLERIE	Machinistes.............	....	......	210 »		
	Chauffeurs.............	....	......	135 »		
	Houille.............	30.000	32 »	960 »	2.070 31	2 18
	Fournitures du magasin.............	....	......	300 »		
	Nettoyage et réparations.............	....	......	465 31		
CONSOMMATION — MINERAI	de Liverdun Sainte-Barbe.............	2.425.080	3 »	7.275 24		
	id. Saint-Paul.............	200.000	3 50	700 »		
	de Laxou.............	271.240	4 70	1.274 82		
	de Bouxières.............	128.100	4 75	608 47		
	Total.............	3.024.420	......	9.858 53	9.858 53	10 40
COKE	....	1.284.800	30 50	39.186 40		
	....	....	......	....		
	Total.............	1.284.800	30 50	39.186 40	39.186 40	41 37
CASTINE, etc.	Calcaire.............	469.360	1 50	704 04		
	....	....	......	....		
	....	....	......	....		
	....	....	......	....		
	Total.............	469.360	1 50	704 04	704 04	» 74
MAIN-D'ŒUVRE	Chef fondeur, fondeurs, surveillant...	....	......	1.159 58		
	Chargeurs.............	....	......	1.373 87		
	Décrasseurs.............	....	......	454 75		
	Cassage de mine.............	....	......	725 86		
	Cassage de castine.............	....	......	112 64		
	Cassage et pesage de fontes.............	....	......	284 18		
	Manutentions diverses.............	....	......	811 39		
	....	....	......	....		
	Total.............	....	......	4.922 27	4.922 27	5 19

A reporter.......Fr. 56.741 55 | 59 88

DÉSIGNATION DES DÉPENSES	QUANTITÉS	PRIX par 1,000ᵏ	SOMMES		PRIX aux °/₀₀ᵏ DE FONTE
			PARTIELLES	TOTALES	
Report.......Fr.				56.744 55	59 88
FRAIS GÉNÉRAUX. { Frais généraux fixes.....			1.500 »		
....			2.714 78	4.214 78	4 49
Amortissement carrière à Gastine..				29 36	
Journées de chevaux.....			248 80		
Livraisons du magasin.....					
id. spéciales.....			1.018 89	1.267 69	1 34
....					
Total des dépenses.......Fr.				62.253 31	65 71

PRODUCTION

	QUANTITÉS	PRIX par 1,000ᵏ	PARTIELLES	TOTALES	PRODUCTION MOYENNE PAR VINGT-QUATRE HEURES
Bocages et débris.....	2.000	30 »	60 »		
Fonte n° 5.....	945.285	60 »	56.717 10		34.576ᵏ
id. n° 4 bis.....					
id. n° 4.....					
id. n° 3.....					
....					
....					
Production totale.......Fr.	947.285		56.777 10		

CONSOMMATION POUR 0/00ᵏ DE FONTE

3,192ᵏ Minerai.....................pour 0/00ᵏ...... Fr. 10 40
1,356 Coke à..........Fr. 30 50 ..... » 41 37
 495   Castine à ....Fr. 1 50 ..... » .... » 74
Main-d'œuvre.......................... » 8 71
Frais généraux.......................... » 4 49

Total.......... Fr. 65 71

RENDEMENT DU MINERAI

34.32 0/0.

Fourneau n° 1. — Prix de revient.

Mois d'Octobre 1871.

N° 7.

	DÉSIGNATION DES DÉPENSES	QUANTITÉS	PRIX par 1,000 k.	SOMMES		PRIX aux °/₀₀ᵏ DE FONTE
				PARTIELLES	TOTALES	
SOUFFLERIE...	Machinistes			210 »		
	Chauffeurs			139 50		
	Houille			» »	977 39	» 90
	Fournitures du magasin			265 10		
	Nettoyage et réparations			362 79		
CONSOMMATION — **MINERAI...**	De Liverdun Sainte-Barbe	3.318.870	3 »	9.956 61		
	id. Saint-Paul	208.090	3 50	728 31		
	De Bouxières	340.120	4 75	1.615 57		
	Total	3.867.080		12.300 49	12.300 49	11 24
COKE...		1.488.600	30 50	45.402 30		
	Total	1.488.600	30 50	45.402 30	45.402 30	41 48
CASTINE, etc.	Calcaire	459.260	1 50	688 89		
	Total	459.260	1 50	688 89	688 89	» 62
MAIN-D'ŒUVRE	Chef fondeur, fondeurs, surveillants			1.050 »		
	Chargeurs			1.611 29		
	Décrasseurs			440 04		
	Cassage de mine			928 02		
	Cassage de castine			110 30		
	Cassage et pesage de fonte			326 66		
	Manutentions diverses			897 19		
	Total			5.363 50	5.363 50	4 90
				A reporter ......Fr.	64.732 57	59 14

DÉSIGNATION DES DÉPENSES	QUANTITÉS	PRIX par 1,000 k.	SOMMES		PRIX aux ⁰/₀₀ᵏ DE FONTE
			PARTIELLES	TOTALES	
Report........Fr.				64.732 57	59 14
FRAIS GÉNÉRAUX. { Frais généraux fixes............			2.000 »		
			2.840 14	4.840 14	4 42
Journées de chevaux............			179 20		
Livraisons du magasin............			997 03		
id. spéciales............			217 »	1.393 23	1 29
TOTAL DES DÉPENSES......Fr.				70.965 94	64 85
PRODUCTION					
Bocages et débris............					
Fonte n° 5............	1.094.240	60 »	65.654 40		
id. n° 4 *bis*............					
id. n° 4............					
id. n° 3............					
PRODUCTION TOTALE............	1.094.240	60 »	65.654 40		

PRODUCTION MOYENNE PAR VINGT-QUATRE HEURES 35,298ᵏ

CONSOMMATION AUX 0/00 DE FONTE

3,534ᵏ Minerai.....................pour 0/00ᵏ.......Fr. 11 24
1,360 Coke à.........Fr. 30 50 .... » 41 48
 419 Castine à........... 1 50 .... » .... » 62
Main-d'œuvre.................... » 7 09
Frais généraux.................... » 4 42

TOTAL........Fr. 64 85

RENDEMENT DU MINERAI

28.30 0/0.

Fourneau n° 1. — Prix de revient.

Mois de Novembre 1871.

N° 8.

	DÉSIGNATION DES DÉPENSES	QUANTITÉS	PRIX par 1,000 k.	SOMMES PARTIELLES	SOMMES TOTALES	PRIX des % k. de fonte
SOUFFLERIE...	Machinistes			210 »		
	Chauffeurs			135 »		
	Houille				579 96	» 48
	Fournitures du magasin			78 »		
	Nettoyage et réparations			156 96		
CONSOMMATION — MINERAI...	de Liverdun Sainte-Barbe	3.249.730	3 »	9.749 19		
	» Saint-Paul	298.050	3 50	1.043 17		
	de Bouxières	508.080	4 75	2.413 38		
	De Marbache	71.460	4 10	292 98		
	Total	4.127.320		13.498 72	13.498 72	11 05
COKE...		1.612.180	30 50	49.171 49		
	Total	1.612.180	30 50	49.171 49	49.171 49	40 23
CASTINE, etc.	Calcaire	446.500	1 50	699 75		
	Total	446.500	1 50	699 75	669 75	» 55
MAIN-D'OEUVRE	Chef fondeur, fondeurs, surveillant			1.056 »		
	Chargeurs			1.735 79		
	Décrasseurs			509 37		
	Cassage de mine			973 45		
	Cassage de Castine			107 16		
	Cassage et pesage des fontes			364 44		
	Manutentions diverses			1.253 83		
	Total			6.000 01	6.000 01	4 92
	A reporter				69.919 93	57 23

DÉSIGNATION DES DÉPENSES	QUANTITÉS	PRIX par 1,000 k.	SOMMES		PRIX aux °/₀₀ᵏ DE FONTE
			PARTIELLES	TOTALES	
Report........Fr.				69.919 93	57 23
FRAIS GÉNÉRAUX { Frais généraux........			2.000 »		
			7.125 51	9.125 51	7 48
Journées de chevaux........			256 »		
Livraisons du magasin........			299 52	555 52	» 46
Id. spéciales........					
TOTAL DES DÉPENSES........Fr.				79.600 96	65 17
PRODUCTION.					
Bocages en débris........					
Fonte n° 5........	1.221.310	60 »	73.278 60		
Id. n° 4 bis........					
Id. n° 4........					
Id. n° 3........					
PRODUCTION TOTALE........Fr.	1.221.310	60 »	73.278 60		

PRODUCTION MOYENNE PAR VINGT-QUATRE HEURES : 40.710ᵏ.

CONSOMMATION AUX 0/00 DE FONTE

3,379ᵏ Minerai................ pour 10/00ᵏ.......Fr.	11 05
1,320 Coke à........Fr. 30 50 .... »	40 23
365 Castine à........ 1 50 .... »	» 55
Main-d'œuvre................ »	5 86
Frais généraux................ »	7 48
Total......Fr.	65 17

RENDEMENT DU MINERAI

29.59 0/0.

Mois de Décembre 1871.

N° 9.

DÉSIGNATION DES DÉPENSES		QUANTITÉS	PRIX par 1,000 k.	SOMMES PARTIELLES	SOMMES TOTALES	PRIX aux °/₀₀ᵏ DE FONTE
SOUFFLERIE...	Machinistes	......	......	210 »		
	Chauffeurs	......	......	139 50		
	Houille	30.000	24 85	745 50	1.500 49	1 24
	Fournitures du magasin	......	......	210 08		
	Nettoyage et réparations	......	......	195 41		
CONSOMMATION — MINERAI...	de Liverdun Sainte Barbe	3.680.320	3 »	11.040 96		
	id, Saint-Paul	483.900	3 50	1.693 65		
	de Bouxières	254.490	4 75	1.208 82		
	de Marbache	25.350	4 10	103 93		
	Total	4.444.060	......	14.047 36	14.047 36	11 57
CoKE...		1.668.360	30 50	50.884 67		
		......	......	......		
	Total	1.668.360	30 50	50.884 67	50.884 67	41 91
CALCAIRE, etc.	Calcaire	435.300	1 50	652 95		
		......	......	......		
		......	......	......		
		......	......	......		
	Total	435.300	1 50	652 95	652 95	» 54
MAIN-D'ŒUVRE	Chef-fondeur, fondeurs, surveillant	......	......	1.053 »		
	Chargeurs	......	......	1.804 74		
	Décrasseurs	......	......	517 90		
	Cassage de mine	......	......	1.060 49		
	Cassage de castine	......	......	104 47		
	Cassage et pesage de fontes	......	......	361 20		
	Manutentions diverses	......	......	1.642 58		
		......	......	......		
	Total........Fr.	......	......	6.547 38	6.547 38	5 40

A reporter........Fr. 73.632 85 — 60 66

DÉSIGNATION DES DÉPENSES	QUANTITÉS	PRIX par 1,000 k.	SOMMES		PRIX aux °/₀₀ᵏ. DE FONTE
			PARTIELLES	TOTALES	
Report.......Fr.				73.632 83	60 66
FRAIS GÉNÉRAUX *pour décembre approximativement* { Frais généraux			9.000 »	9.029 36	7 43
Amortissement carrière castine....			29 36		
Journées de chevaux			442 »		
Livraisons du magasin					
id. spéciales			708 20	1.150 20	» 94
TOTAL DES DÉPENSES.......Fr.				83.812 41	69 03
PRODUCTION					
Bocages et débris					
Fonte n° 5	1.214.030	60 »	72.841 80		
id. n° 4 *bis*					
id. n° 4					
id. n° 3					
PRODUCTION TOTALE	1.214.030	60 »	72.841 80		

La colonne TOTALES porte verticalement : PRODUCTION MOYENNE PAR VINGT-QUATRE HEURES 39.162ᵏ.

CONSOMMATION AUX 0/00 DE FONTE

3,660ᵏ Minerai	.....pour 0/00ᵏ......Fr.		11 57
1,374 Coke à	Fr. 30 50 »		44 91
359 Castine à	1 50 »		» 54
Main-d'œuvre à	»		7 58
Frais généraux à	»		7 43
	TOTAL.......Fr.		69 03

RENDEMENT DU MINERAI

27.31 0/0.

Fourneau n° 1. — Prix de revient.

Mois de janvier 1872.

N° 10.

DÉSIGNATION DES DÉPENSES		QUANTITÉS	PRIX par 1,000 k	SOMMES PARTIELLES	SOMMES TOTALES	PRIX 101 %/₀₀ DE FONTE
SOUFFLERIE...	Machinistes			210 »		
	Chauffeurs			151 50		
	Houille			» »	788 16	» 68
	Fournitures du magasin			102 »		
	Nettoyage et réparations			324 66		
MINERAI...	de Liverdun Sainte-Barbe	3.029.490	3 »	9.088 47		
	id. Saint-Paul	685.750	3 50	2.400 12		
	de Bouxières	302.940	4 75	1.438 96		
	TOTAL	4.018.180	» »	12.927 55	12.927 55	11 25
COKE...		1.509.950	30 50	46.053 47		
	TOTAL	1.509.950	30 50	46.053 47	46.053 47	40 09
CASTINE, etc,	Calcaire	390.900	1 »	429 99		
	TOTAL	390.900	1 10	429 99	429 99	» 37
MAIN-D'ŒUVRE	Chef fondeur, fondeurs, surveillants			1.042 50		
	Chargeurs			1.792 73		
	Décrasseurs			517 84		
	Cassage de mine			764 89		
	Cassage de castine			93 82		
	Cassage et pesage de fontes			344 70		
	Manutentions diverses			1.502 79		
	TOTAL ... Fr.			6.259 27	6.259 27	5 45

A reporter......Fr. 66.458 44 | 57 84

(CONSOMMATION)

DÉSIGNATION DES DÉPENSES	QUANTITÉS	PRIX par 1,000 k.	SOMMES		PRIX aux 0/00k DE FONTE
			PARTIELLES	TOTALES	
Report........Fr				66.458 34	57 84
FRAIS GÉNÉRAUX. { Frais généraux fixes.........			2.500 »		
			2.107 46	5.580 47	4 85
Prime à Perruchon.........			973 01		
Journées de chevaux.........			348 80		
Livraisons du magasin.........			650 90		
id. spéciales.........			158 28	1.157 98	1 01
Total des dépenses......Fr				73.196 89	63 70
PRODUCTION					
Bocages et débris.........					
Fonte n° 5.........	1.149.000	60 »	68.940 »		
id. n° 4 bis.........					
id. n° 4.........					
id. n° 3.........					
Production totale......Fr	1.149.000	60 »	68.940 »		

PRODUCTION MOYENNE PAR VINGT-QUATRE HEURES 37.064k.

CONSOMMATION AUX 0/00k DE FONTE

3.497k Minerai:.................pour 0/00k.....Fr			11 25
1.314 Coke à.........Fr. 30 50	»		40 09
340 Castine à......... 1 10	»		» 37
Main-d'œuvre.........	»		7 14
Frais généraux.........	»		4 85
Total......Fr.			63 70

RENDEMENT DU MINERAI

28.59 0/0.

Fourneau N° 1. — Prix de revient.

Mois de Février 1872.

	DÉSIGNATION DES DÉPENSES	QUANTITÉS	PRIX par 1,000 k.	SOMMES		PRIX aux 100/00^k DE FONTE
				PARTIELLES	TOTALES	
SOUFFLERIE... Machinistes				210 »		
Chauffeurs				132 25		
Houille				....	847 25	» 72
Fournitures du magasin				240 09		
Nettoyage et réparations				264 91		
MINERAI... De Livardun Sainte-Barbe	1.998.370	3 »	5.995 11		
id. Saint-Paul	976.900	3 50	3.419 15		
id. Bouxières	650.510	4 75	3.089 92		
id. Marbache	307.480	4 10	1.260 66		
Total	3.933.260	......	13.764 84	13.764 84	11 77
COKE...	1.446.900	30 50	44.740 45		
	....	......	....		
Total	1.466.900	30 50	44.740 45	44.740 45	38 22
CASTINE, ETC. Calcaire	297.855	1 10	327 64		
	....	......	....		
	....	......	....		
	....	......	....		
Total	297.855	1 10	327 64	327 64	» 27
MAIN-D'ŒUVRE Chef fondeur, fondeurs, surveillants				1.032 50		
Chargeurs				1.682 45		
Décrasseurs				477 22		
Cassage de mine				849 59		
Cassage de castine				71 48		
Cassage et pesage, fontes				348 71		
Manutentions diverses				1.378 83		
				....		
Total...... Fr.				5.840 78	5.840 78	5 »
A reporter............Fr.					65.520 96	55 98

Note: La première colonne regroupe sous l'accolade « CONSOMMATION » les postes SOUFFLERIE, MINERAI, COKE et CASTINE, ETC.

DÉSIGNATION DES DÉPENSES	QUANTITÉS	PRIX par 1,000 k.	SOMMES		PRIX aux °/₀₀ᵏ DE FONTE
			PARTIELLES	TOTALES	
Report........Fr.				65.520 96	55 98
FRAIS GÉNÉRAUX { Frais généraux fixes...........			2.500 »		
			5.932 27	8.432 27	7 20
Journées de chevaux........			352 40		
Livraisons du magasin			603 90		
Livraisons spéciales			238 65	1.194 95	1 02
TOTAL DES DÉPENSES........ Fr.				75.148 18	64 20
PRODUCTION					
Bocage et débris...........					
Fonte n° 5...........	1.170.450	60 »	70.227 »		
— n° 4 bis.......					
— n° 4.......					
— n° 3.......					
PRODUCTION TOTALE....... Fr.	1.170.450	60 »	70.227 »		

(colonne : PRODUCTION MOYENNE PAR VINGT-QUATRE HEURES : 40.360ᵏ)

CONSOMMATION AUX 0/00ᵏ DE FONTE

3.360ᵏ Minerai.................	pour 0/00ᵏ	Fr.	11 77
1.253 Coke...................	à 30 50	....	38 22
254 Castine...............	à 1 10	....	» 27
Main-d'œuvre			6 74
Frais généraux			7 20
TOTAL........Fr.			64 20

RENDEMENT DU MINERAI

29 75 pour 0/0.

Mois de Mars 1872.

N° 12.

	DÉSIGNATION DES DÉPENSES	QUANTITÉS	PRIX par 1,000 k.	SOMMES PARTIELLES	SOMMES TOTALES	PRIX au 1 0/00 k de fonte
SOUFFLERIE	Machinistes			210 »		
	Chauffeurs			184 »		
	Houille (du trimestre)	45.000	25 »	1.125 »	2.028 49	1 60
	Fournitures du magasin			244 58		
	Nettoyage et réparations			264 91		
CONSOMMATION — MINERAI	De Liverdun Sainte-Barbe	2.029.300	3 »	6.087 90		
	Id. Saint-Paul	1.146.300	3 50	3.907 05		
	De Bouxières	391 440	4 75	1.859 34		
	De Marbache	645.320	4 10	2.645 81		
	TOTAL	4.182.360	......	14.500 10	14.500 10	11 41
COKE		1.574.740	30 50	48.029 57		
	TOTAL	1.574.740	30 50	48.029 57	48.029 57	37 78
CASTINE, etc.	Calcaire	242.320	1 10	266 55		
	TOTAL	242.320	1 10	266 55	266 55	» 21
MAIN-D'OEUVRE	Chef fondeur, fondeurs, surveillant			1.071 50		
	Chargeurs			1.803 44		
	Décrasseurs			524 09		
	Cassage de mine			903 38		
	Cassage de castine			58 45		
	Cassage et pesage des fontes			379 68		
	Manutentions diverses			1.277 61		
	TOTAL......Fr			6.017 85	6.017 85	4 73

*À reporter.......*Fr. 70.842 56 | 55 73

DÉSIGNATION DES DÉPENSES	QUANTITÉS	PRIX par 1,000 k.	SOMMES		PRIX aux 0/00k DE FONTE
			PARTIELLES	TOTALES	
Report........Fr.				70.842 56	55 73
FRAIS GÉNÉRAUX. { Frais généraux................			6.112 99		
			317 96	6.430 95	5.07
Journées de chevaux............			336 40		
Livraisons du magasin...........			417 »	753 40	» 59
Id. spéciales..............					
TOTAL DES DÉPENSES........Fr.				78.026 91	61 39
PRODUCTION.					
Bocages et débris...............					
Fonte n° 5.....................	1.270.920	60 »	76.255 20		
id. n° 4 bis.................					
id. n° 4....................					
id. n° 3....................					
PRODUCTION TOTALE...........	1.270.920	60 »	76.255 20		

PRODUCTION — MOYENNE PAR VINGT-QUATRE HEURES — 40.997ᵏ.

CONSOMMATION AUX 0/00 DE FONTE

3,290ᵏ Minerai....................pour 0/00ᵏ......Fr.			11 41
1,230ᵏ Coke..........Fr. 30 50 .... »			37 78
190ᵏ Castine à........... 1 10 .... »			» 21
Main-d'œuvre et fournitures........... »			6 92
Frais généraux...................... »			5 07
TOTAL......Fr.			61 39

RENDEMENT DU MINERAI

30.38 0/0.

Fourneau n° 1. — Prix de revient.

Mois d'Avril 1872.

N° 13.

DÉSIGNATION DES DÉPENSES		QUANTITÉS	PRIX par 1,000 k.	SOMMES PARTIELLES	SOMMES TOTALES	PRIX par 1,000 k. DE FONTE
SOUFFLERIE...	Machinistes			210 »		
	Chauffeurs			150 »		
	Houille	20.000	25 »	500 »	1.804 08	1 65
	Fournitures du magasin			511 47		
	Nettoyage et réparations			432 61		
MINERAI....	de Liverdun Ste-Barbe	2.590.220	3 »	7.770 66		
	id. St-Paul	524.270	3 50	1.834 94		
	de Bouxières	624.290	4 75	2.965 37		
	TOTAL	3.738.780	» »	12.570 97	12.570 97	11 45
COKE		1.394.950	30 50	42.545 97		
	TOTAL	1.394.950	30 50	42.545 97	42.545 97	38 77
CASTINE, etc.	Calcaire	424.560	1 10	467 01		
	TOTAL	424.560	1 10	467 01	467 01	» 42
MAIN-D'ŒUVRE	Chef fondeur, fondeurs, surveillants			1.149 »		
	Chargeurs			1.884 81		
	Décrasseurs			506 51		
	Cassage de mine			705 47		
	Cassage de castine			101 89		
	Cassage et pesage de fontes			327 14		
	Manutentions diverses			1.315 64		
	Cassage de castine			79 02		
	TOTAL........Fr.			6.069 51	6.069 51	5 53
	À reporter.......Fr.				63.457 54	57 82

(colonne de gauche : CONSOMMATION)

DÉSIGNATION DES DÉPENSES	QUANTITÉS	PRIX par 1,000 k.	SOMMES		PRIX 101 °/₀₀ᵏ. DE FONTE
			PARTIELLES	TOTALES	
Report........Fr.				63.457 54	57 82
FRAIS GÉNÉRAUX. { Frais généraux........			2.500 »		
			2.140 32	4.640 32	4 23
Journées de chevaux........			310 80		
Livraisons du magasin........			644 38		
id. spéciales..			1.233 30	2.188 48	1 99
TOTAL DES DÉPENSES........Fr.				70.286 34	64 04
PRODUCTION					
Bocages et débris........					
Fonte n° 5........	1.097.400 60	60 »	65.844 »		
id. n° 4 *bis*........					
id. n° 4........					
id. n° 3........					
PRODUCTION TOTALE........	1.097.400 60	60 »	65.844 »		

(Colonne latérale : PRODUCTION MOYENNE PAR VINGT-QUATRE HEURES 36.580ᵏ.)

CONSOMMATION DES 0/00ᵏ DE FONTE

3,407ᵏ Minerai........pour 0/00ᵏ........Fr.		11 45
1,271 Coke à........Fr. 30 50 .... »		38 77
386 Castine à........ 1 10 .... »		» 42
Main-d'œuvre et fournitures........ »		9 17
Frais généraux........ »		4 23
TOTAL........Fr.		64 04

RENDEMENT DU MINERAI

29.35 0/0.

Laminoir projeté à Liverdun.

DEVIS DE LA DÉPENSE D'ÉTABLISSEMENT.	SOMMES
	Fr. c.
Terrassements, constructions des halles et canalisation pour les fumées.. Fr.	68.613 »
14 Fours à puddler et 7 chaudières..	94.494 »
6 Fours à chauffer et 3 chaudières..	55.510 »
1 Four dormant..	4.000 »
Canal de décharge..	1.340 »
2 Marteaux-pilons...	50.000 »
Fondations des laminoirs et machines...	19.935 »
Laminoirs à ébaucher et fers marchands...	85.985 »
Id. à tôle..	58.075 »
Élévateurs...	1.500 »
Tuyaux en fonte..	4.842 »
Id. en fer étiré..	3.705 »
Id. en cuivre...	480 »
Boulons..	850 »
Plaques de dallage...	9.720 »
Réservoirs à eau...	2.821 »
Atelier de réparations...	9.000 »
Tours à cylindres..	10.500 »
2 Machines de 100 et 60 chevaux montées..	55.000 »
1 Grue pour lever les cylindres..	2.200 »
Grosse cisaille..	10.800 »
2 Moyennes cisailles...	13.000 »
Magasin de provisions diverses, huile, graisse, cuivre, acier et fers...........	6.100 »
Pompes...	6.000 »
Outillage des fours et laminoirs...	11.000 »
Études, frais de bureau, frais généraux pendant la construction..................	35.000 »
Rails et plaques dans l'usine..	12.000 »
Imprévu..	25.000 »
Total........................Fr..	657.500 »

IMPRIMERIE CENTRALE DES CHEMINS DE FER. — A. CHAIX ET Cⁱᵉ, RUE BERGÈRE, 20, A PARIS. — 13598-2